Grosse Küche light

Broccoli-Blumenkohl-Terrine

Für 1 kleine Terrinenform (ca. 15 cm lang, 6 cm breit, 5 cm hoch)

3 dicke Karotten, geschält, geputzt
1 kleiner Broccoli, in kleine Röschen zerteilt
1 kleiner Blumenkohl, in kleine Röschen zerteilt
2 Stangen Frühlingslauch, heller Teil, gründlich gewaschen
½ l Gemüsefond
7 Blatt Gelatine, in kaltem Wasser eingeweicht
Salz, Pfeffer aus der Mühle, Zucker

Olivenöl zum Bestreichen
gemischte Blattsalate der Saison, Wiesenblüten und Kräuter
2 EL Hausdressing (siehe Grundrezepte)

Die Karotten auf der Aufschnittmaschine oder mit dem Gemüsehobel der Länge nach in dünne Scheiben schneiden. In kochendem Salzwasser blanchieren und in Eiswasser abschrecken. Auf Küchenpapier legen und trockentupfen.

Broccoli, Blumenkohl und Lauch ebenfalls blanchieren, in Eiswasser abschrecken, auf Küchenpapier legen und trockentupfen.

Den Gemüsefond aufkochen, die gut ausgedrückte Gelatine darin auflösen und den Fond abschmecken. Auf Zimmertemperatur abkühlen lassen.

Die Terrinenform mit Klarsichtfolie auslegen. Die Karottenstreifen durch das temperierte Gemüsegelee ziehen und die Form damit auskleiden; die Karotten sollten dabei beidseitig zu etwa einem Drittel die Terrinenform überlappen. Broccoli, Blumenkohl und Lauch ebenfalls durch das Gelee ziehen und die Terrinenform damit füllen. Den überlappenden Teil der Karottenstreifen beidseitig darüberschlagen, mit Klarsichtfolie bedecken und gut gepresst im Kühlschrank 24 Stunden durchkühlen lassen. Die Terrinenform auf ein Brett stürzen und, sobald sie Zimmertemperatur hat, in Scheiben schneiden. Diese in die Mitte auf die Teller setzen, mit Olivenöl bepinseln, mit Saisonsalaten, Blüten und Kräutern ausgarnieren. Den Salat mit dem Hausdressing beträufeln.

Törtchen von Avocado und gebeiztem Lachs

50 ml Gemüsefond
1 Blatt Gelatine, in kaltem Wasser eingeweicht
1 reife Avocado
Salz, Pfeffer aus der Mühle, Zucker, Zitronensaft
4 konfierte Tomatenfilets, gewürfelt (siehe Grundrezepte)
1 TL gehackte Kräuter (Kerbel, Dill, glattblättrige Petersilie, evtl. gelbe Stangensellerieblätter)
350 g gebeizter Lachs, fein gewürfelt
Olivenöl
Kräuterzweiglein als Garnitur

Den Gemüsefond erhitzen und die gut ausgedrückte Gelatine darin auflösen, auf Zimmertemperatur abkühlen lassen.

Die Avocado schälen, halbieren, den Stein entfernen und das Fruchtfleisch mit einer Gabel grob zerdrücken. Mit Salz, Pfeffer, Zucker und Zitronensaft abschmecken. Die gewürfelten Tomaten und die gehackten Kräuter beigeben. Mit dem abgekühlten Gemüsefond vermischen und kurz kühl stellen.

Den fein gewürfelten Lachs mit Pfeffer und Zitronensaft abschmecken.

4 Metallringe innen mit Olivenöl gut ausstreichen. Die Ringe in der Mitte auf die Teller setzen, eine Lage Lachs einfüllen und mit einer Schicht Avocadopüree bedecken, diese glattstreichen und etwas festdrücken (z.B. mit einem mit Plastikfolie umhüllten Korken). Nochmals eine Schicht Lachs einfüllen, glattstreichen und mit einer Schicht Avocado bedecken. Den Ring vorsichtig abziehen und mit Kräutern ausgarnieren.

Carpaccio von Lachs und Seeteufel

140 g Seeteufel (vom Mittelstück), pariert, ohne Knochen
210 g Lachs (vom Mittelstück)
1 Bund Dill, fein gehackt
1 Bund Kerbel, fein gehackt
1 kleiner Bund Schnittlauch, fein gehackt
2 EL Tomatengelee (siehe Grundrezepte)
Salz, Pfeffer aus der Mühle
2 EL Passionsfruchtvinaigrette (siehe Seite 22)
8 EL Melonen-Fenchel-Vinaigrette (siehe Grundrezepte)
1 Tomate, gehäutet, entkernt, gewürfelt

Garnitur:
Kerbel, Randensprossen, Fenchelkraut, essbare Blüten
grobes Meersalz

Seeteufel und Lachs im Tiefkühler kurz anfrieren lassen, dann in 5 mm dicke Scheiben schneiden und getrennt auf Klarsichtfolie eng nebeneinander auslegen. Mit einer weiteren Schicht Klarsichtfolie abdecken und mit einem Fleischklopfer oder einem kleinen Topf vorsichtig auf eine Stärke von 2 mm flachklopfen. Kühl stellen.

Das Tomatengelee zubereiten, mit den fein gehackten Kräutern mischen.

Den Lachs auf die Arbeitsfläche legen und die obere Folie entfernen. Den Fisch mit dem Tomatengelee bestreichen. Vom Seeteufel ebenfalls die obere Folienschicht entfernen und den Seeteufel (Fleischseite nach unten) auf die Lachsschicht legen; die zweite Folie ebenfalls entfernen. Die beiden aufeinanderliegenden Fischschichten ohne die untere Folie zu einer Rolle formen. Diese in Alufolie einwickeln, an den beiden Enden gut zudrehen und mindestens 8 Stunden gefrieren lassen.

Die Fischrolle aus der Alufolie wickeln und mit der Aufschnittmaschine oder mit einem scharfen Messer dünn aufschneiden. Dekorativ auf Tellern anrichten. Mit etwas Salz, Pfeffer und Passionsfruchtvinaigrette beträufeln. Die marinierten Melonen- und Fenchelwürfel darauf verteilen, mit Tomatenwürfeln und den Kräutern ausgarnieren und zuletzt mit grobem Meersalz bestreuen.

Bretonischer Hummer mit Grapefruitravioli und Portwein-Vanille-Jus

Grapefruitravioli:
2 unbehandelte gelbe Grapefruits
2 unbehandelte rosa Grapefruits
2 EL Joghurt
1 EL Quark, gut abgetropft
evtl. 1 EL Zuckersirup
Ravioliteig (siehe Grundrezepte)
1 Eiweiss, verquirlt

100 ml dunkler Kalbsfond (siehe Grundrezepte)
1 EL Portweinreduktion (siehe Grundrezepte)
½ Vanilleschote, ausgekratztes Mark
2 Hummer à 400 g
4 EL Butter, gebräunt (Nussbutter, siehe Grundrezepte)

Garnitur:
1 unbehandelte rote Grapefruit
1 EL Zuckersirup zum Marinieren und für die Zesten (siehe Grundrezepte)
Puderzucker

1 kleines Bund Basilikum
Öl zum Frittieren

Für die Garnitur die Grapefruit im Tiefkühler kurz anfrieren lassen, dann auf der Aufschnittmaschine in dünne Scheiben schneiden. Die Scheiben durch Zuckersirup ziehen und auf Pergamentpapier legen. Mit Puderzucker bestreuen, mit Pergamentpapier abdecken, leicht beschweren und im Backofen bei 50 Grad 3 Tage trocknen lassen.

Die Schale von je einer rosa und einer gelben Grapefruit mit dem Zestenmesser in feine Streifen schneiden. Die Zesten dreimal in kochendem Salzwasser blanchieren und in Eiswasser abschrecken. Zuckersirup aufkochen, die Zesten hineinlegen und abgedeckt 3 Tage ziehen lassen.

Für die Grapefruitravioli die gelben und rosa Grapefruits einschliesslich der weissen Haut mit einem Messer schälen und die Filets zwischen den Trennhäutchen herausschneiden. In einer Schüssel mit dem Joghurt und dem Quark vermischen. Nach Geschmack mit 1 Esslöffel Zuckersirup süssen, gut verrühren. 3 Tage abgedeckt im Kühlschrank marinieren. Dann in einem Passiertuch oder einem sauberen Küchentuch 24 Stunden abtropfen lassen.

Den Ravioliteig in Quadrate von 5 x 5 cm schneiden, mit dem verquirlten Eiweiss bestreichen. Die Grapefruitmischung mit einem Messer fein schneiden, in einen Spritzbeutel mit Lochtülle geben und auf die Hälfte der Teigquadrate verteilen. Mit den übrigen Teigquadraten bedecken und an den Rändern gut andrücken.

Den Kalbsjus mit der Portweinreduktion vermischen, Vanilleschote und -mark dazugeben und ziehen lassen.

Die Hummer kochen (siehe Grundrezepte, Seite 182). Das Hummerfleisch auslösen und in ½ cm dicke Medaillons schneiden.

Für die Garnitur Basilikumblätter im 120 Grad heissen Öl frittieren und auf Küchenpapier abtropfen lassen.

Kurz vor dem Servieren die Hummermedaillons in der Nussbutter bei kleiner Hitze erwärmen. Die Ravioli in kochendem Salzwasser gar kochen (ca. 2 Minuten, bis sie an die Oberfläche steigen). Beides auf vorgewärmten Teller anrichten. Die marinierten Grapefruitstreifen darüberstreuen und mit dem Vanille-Portwein-Jus umgiessen. Mit frittierten Basilikumblättern und Grapefruitchips garnieren.

Hummersalat mit Babyartischocken und Kefen

2 Hummer à 600 g
12 Kefen (Zuckererbsen), geputzt
6 Babyartischocken, geputzt und gekocht
(siehe Grundrezepte)
2 EL Butter
2 EL Fischfond
1 Zweig Basilikum
3 EL weisse Balsamicovinaigrette
(siehe Grundrezepte)
Kräutersalz

Garnitur:
Salate und Kräuter nach Saison
1 EL Schnittlauch
Hummersauce (siehe Grundrezepte)

Die Hummer kochen (siehe Grundrezepte, Seite 182). Schwanz- und Scherenfleisch auslösen; den Schwanz in Medaillons schneiden.

Die Kefen in Salzwasser blanchieren, im Eiswasser abschrecken und schräg halbieren. Die Babyartischocken in dem mit etwas Olivenöl vermischten Artischockenfond erwärmen.

In einer beschichteten Pfanne die Butter goldbraun werden lassen, die Hitze reduzieren, mit dem Fischfond ablöschen, den Basilikum beigeben und das Hummerfleisch darin bei milder Hitze erwärmen. Mit Kräutersalz würzen.

Die Kefen und die Artischocken mit der Balsamicovinaigrette mischen, abschmecken und auf Tellern anrichten. Die temperierten Hummerstücke daraufsetzen und nach Belieben mit Salaten und Kräutern der Saison ausgarnieren, mit Schnittlauch bestreuen. Mit aufgeschäumter Hummersauce beträufeln.

Spargelchartreuse mit gebratenen Riesencrevetten

Chartreusen:
3 Zucchetti, geputzt
2 Karotten, geschält, geputzt
2 gelbe Karotten, geschält, geputzt

Spargelmousse:
1 Schalotte, gehackt
30 g Butter
200 g weisser Spargel, geschält, in Stücke schneiden
200 ml Gemüsefond
2½ Blatt Gelatine, in kaltem Wasser eingeweicht
Salz, Pfeffer aus der Mühle, Zucker, Cayennepfeffer
Zitronensaft
100 ml Rahm, leicht geschlagen

Orangenemulsion:
300 ml Orangensaft
2 Kardamomkapseln
2 Stengel Zitronengras, fein geschnitten
50 g brauner Rohrzucker
200 ml mildes Olivenöl

4 konfierte Tomaten (siehe Grundrezepte), fein gehackt
8 Riesencrevetten (Garnelen)
Olivenöl zum Braten
1 TL reduzierter Balsamicoessig (Crema di Balsamico)

Zucchetti und Karotten in 6 cm lange Stücke schneiden. Auf der Aufschnittmaschine oder mit dem Gemüsehobel der Länge nach in 4 mm dicke Streifen schneiden. Die Streifen der Länge nach in 4 mm breite Stifte schneiden. In kochendem Salzwasser knackig blanchieren und in Eiswasser abschrecken. 4 Metallringe von 6 cm Durchmesser und 4 cm Höhe auf der Unterseite in Klarsichtfolie einschlagen. Den Rand innen mit den Gemüsestiften auskleiden.

Für die Spargelmousse die Schalotte in der Butter glasig dünsten, den Spargel dazugeben, kurz durchschwenken, würzen, mit dem Gemüsefond auffüllen und weich kochen. Anschliessend mixen und durch ein Sieb streichen (es sollte ca. 280 g ergeben). Die gut ausgedrückte Gelatine mit einem Teil der Masse erwärmen, bis sie sich gut aufgelöst hat. Mit dem restlichen Spargelpüree vermischen und auf Zimmertemperatur abkühlen lassen. Mit Salz, Pfeffer, Zucker und Cayennepfeffer würzen und mit wenig Zitronensaft abschmecken. Den leicht geschlagenen Schlagrahm darunterziehen und die Masse in die ausgekleideten Chartreuse-Förmchen füllen. 6 Stunden kühl stellen.

Für die Orangenemulsion den Orangensaft mit Kardamom, Zitronengras und Rohrzucker aufkochen und auf die Hälfte reduzieren, durch ein Sieb giessen und im Mixer bei laufendem Motor langsam das Olivenöl daruntermixen.

Die gehackten konfierten Tomaten würzen. Einen Metallring jeweils in die Mitte der Teller setzen. Die Tomaten hineingeben und flachdrücken, dann den Ring entfernen.

Die Folie von den Chartreusen entfernen. Mit einem Messer vorsichtig vom Ring lösen und auf die Tomatenschicht setzen.

Die Crevetten kurz in Olivenöl anbraten, auf die Chartreusen setzen und die Teller mit etwas Balsamicoreduktion und Orangenemulsion beträufeln.

Tipp:
Die Orangenemulsion hält sich im Kühlschrank mindestens eine Woche; vor der Verwendung jeweils erneut kurz aufmixen, um eine schöne Homogenität zu erreichen.
Sie passt auch ausgezeichnet zu gemischtem Salat oder gebratenen Edelfischen.

Loempia vom Milchlamm auf Koriandercouscous

4 Scheiben Kochschinken
2 EL Geflügelfarce (siehe Grundrezepte)
1 EL fein gewürfeltes Gemüse (Karotte, Sellerie, Lauch)
4 Mangoldblätter, blanchiert und trockengetupft
4 Milchlammfilets à 60 g, pariert
20 g Mehl
2 Eier, verquirlt
20 g Brösel von entrindetem Brot
100 ml Sonnenblumenöl zum Ausbacken

Couscous:
60 g Couscous (Hartweizengriess)
4 Zweige frischer Koriander
200 ml Wasser
Kräutersalz, Pfeffer aus der Mühle
4 EL Sweet Chili Sauce

Die Schinkenscheiben auf einem Schneidebrett auslegen. Die Farce mit den Gemüsewürfeln vermischen, mit Salz und Pfeffer abschmecken und dünn auf dem Schinken verstreichen. Die Mangoldblätter darauflegen, ebenfalls mit der Farce bestreichen. Dann jeweils ein Filet darauflegen und gleichmässig darin einrollen; die Enden geradeschneiden. Die Filetrollen in Mehl wenden, durch das verquirlte Ei ziehen und in den Bröseln wälzen. Im auf 150 Grad erhitzten Öl rund herum etwa 4–5 Minuten ausbacken, dann auf Küchenpapier legen und 3–4 Minuten ruhen lassen.

Inzwischen den Couscous in eine Schüssel geben, mit lauwarmem, leicht gesalzenem Wasser anfeuchten und aufquellen lassen.
Den Koriander mit dem Wasser aufkochen. Den Couscous in ein Abtropfsieb schütten, über den kochenden Koriandersud hängen und 10 Minuten im aufsteigenden Dampf garen. Mit Chilisauce, Kräutersalz und Pfeffer abschmecken.

Die Filetrollen in gleichmässige Stücke schneiden, würzen und auf dem Couscous anrichten. Mit einem Salatbouquet ausgarnieren.

Pot-au-feu von der Barbarie-Ente mit Spitzkohlröllchen

Für 4–6 Personen

1 Barbarie-Ente, ca. 1,3 kg, Brüste und Keulen ausgelöst
Olivenöl
1 TL Tomatenmark
½ Sellerieknolle, geschält, gewürfelt
1 Karotte, geschält und gewürfelt
2 Cherrytomaten, halbiert
1 Stangensellerie, grobblättrig geschnitten
6 Champignons, halbiert
4 Zweige Petersilie
1 l Geflügelfond
1 Gewürzsäckchen mit einigen Zweigen Thymian und Rosmarin, 2 Lorbeerblättern, 2 Pimentkörnern, 1 TL Pfefferkörner, 2 Wacholderbeeren und 2 Nelken
1 Zwiebel, halbiert, ohne Fettzugabe gebräunt
1 Stange Lauch (nur weisser Teil), halbiert
Meersalz, Pfeffer aus der Mühle

Zum Klären:
200 g Truthahnfleisch
je 50 g Karotte und Knollensellerie
½ Petersilienwurzel
6 Eiweiss
1 Handvoll Eiswürfel

Einlage:
1 kleiner Spitzkohl
2 Schalotten, fein gewürfelt
1 Knoblauchzehe, fein gehackt
Olivenöl
Salz, Pfeffer aus der Mühle, Muskatnuss
1 kleiner Bund Schnittlauch, blanchiert, abgeschreckt
je 1 Karotte, 1 Pfälzer Karotte, 1 Zucchini, mit dem Kugelausstecher Kugeln ausgestochen
100 g kleine Eierschwämmchen (Pfifferlinge), geputzt
Nussöl

1 Bund Kerbel, abgezupfte Blätter

Die Entenkarkasse fein hacken, in heissem Olivenöl anbraten und anschliessend im vorgeheizten Backofen bei 180 Grad goldbraun rösten. Tomatenpüree, Gemüse (ausser dem Lauch), Champignons und Petersilienstengel beigeben und 10 Minuten weiter rösten.
Alles in ein Sieb schütten, gut abtropfen und auskühlen lassen. Die Karkasse mit dem Gemüse in einen Topf geben und mit dem kalten Geflügelfond auffüllen. Langsam zum Kochen bringen, dabei den aufsteigenden Schaum immer wieder abschöpfen. Das Gewürzsäckchen, die Zwiebel, den Lauch und etwas Meersalz beigeben.
1½–2 Stunden leicht köcheln lassen, durch ein Sieb abgiessen, erkalten lassen und das Fett abschöpfen.

Zum Klären das Truthahnfleisch mit dem Gemüse durch die mittelgrobe Scheibe des Fleischwolfs drehen, mit Eiweiss und den Eiswürfeln gut vermischen. In den erkalteten Entenfond einrühren und langsam, unter stetigem Rühren zum Siedepunkt bringen. Sobald die Suppe aufkocht, die Hitze reduzieren und ½ Stunde leicht köcheln lassen, durch ein Sieb giessen und abschmecken.

Für die Einlage vom Spitzkohl die äusseren schönen Blätter ablösen, in Salzwasser blanchieren und gut trocknen; die Ränder geradeschneiden. Die inneren Kohlblätter fein würfeln und ebenfalls blanchieren, abgiessen, abschrecken und gut ausdrücken.Schalotten und Knoblauch in heissem Olivenöl glasig dünsten. Den gut ausgedrückten Spitzkohl beigeben, kurz durchschwenken und mit Salz, Pfeffer und Muskat abschmecken. Auf die ausgebreiteten Spitzkohlblätter geben, die seitlichen Ränder einschlagen und wie eine Frühlingsrolle einrollen. Mit Schnittlauchhalmen zusammenbinden.

Die Gemüsekugeln in Salzwasser blanchieren und in Eiswasser abschrecken. Die Pilze in etwas Nussöl kurz anbraten.

Die Haut der Entenbrust rautenförmig einschneiden und die Brüste auf der Hautseite im Ofen bei 160 Grad 6–7 Minuten braten. Herausnehmen und abgedeckt kurz ruhen lassen.

Die Gemüsekugeln, die Pilze und die Spitzkohlröllchen in einem Teil der Consommé erhitzen. In vorgewärmte tiefe Teller geben, mit der Consommé auffüllen, die aufgeschnittene Entenbrust daraufsetzen und mit Kerbelblättern garnieren.

Tipp:
Die Keulen zum Beispiel kurz gebraten mit Saisonsalaten oder geschmort mit Kartoffelpüree und Rotkraut servieren.

Kürbisschaumsüppchen mit Gamba-Croustillon

Für 4–6 Personen

500 g Muskatkürbis, entkernt, geschält, gewürfelt
40 ml Balsamicoessig
40 ml Noilly Prat (trockener Wermut)
100 ml trockener Weisswein
3 EL Honig
Salz, Pfeffer aus der Mühle, Zucker
1 Knoblauchzehe, gequetscht
je 2 Zweige Thymian und Rosmarin, ganz

60 g Butter
100 g Schalotten, fein gewürfelt
1 Zweig Thymian
150 ml Noilly Prat (trockener Wermut)
100 ml Champagner
1 l Geflügelfond
200 ml Halbrahm
Salz, Pfeffer aus der Mühle, Zucker

Croustillons:
12 Riesencrevetten (Garnelen), geschält, Darm entfernt, fein gewürfelt
Kräutersalz, Pfeffer aus der Mühle
1 TL gehackter Koriander
1 EL Fischfarce (siehe Grundrezepte)
4 Blätter Frühlingsrollenteig
Öl zum Frittieren

Kürbiskerne, Kürbiskernöl
200 ml Magermilch, heiss aufgeschäumt

Den Kürbis in die Mitte auf ein Blatt doppelt gefaltete Alufolie legen und die Enden etwas hochschlagen, sodass in der Mitte eine Mulde entsteht. Alle weiteren Zutaten darüber verteilen, die Alufolie zusammenschlagen und gut verschliessen. Im auf 150 Grad vorgeheizten Backofen rund 3 Stunden schmoren lassen. Herausnehmen, abkühlen lassen und im Mixer pürieren.

Die Butter erhitzen, die Schalotten mit dem Muskatkürbispüree und dem Thymianzweig darin glasig dünsten. Mit Noilly Prat und Champagner ablöschen und die Flüssigkeit vollständig einkochen lassen. Mit dem Geflügelfond auffüllen, diesen auf die Hälfte einkochen, dann den Halbrahm beifügen und nochmals etwas einkochen lassen. Mixen, durch ein Sieb streichen, abschmecken und warm stellen.

Für die Croustillons das Crevettenfleisch in eine Schüssel geben, würzen, mit dem Koriander und der Fischfarce vermischen. Mit angefeuchteten Händen daraus kleine Kugeln formen. Die Frühlingsrollenteigblätter aufeinanderlegen, einrollen und die Rollen mit dem Messer in dünne Scheiben schneiden. Die Streifen locker auf die Arbeitsfläche streuen und die Crevettenkugeln darin wälzen. Anschliessend im 150 Grad heissen Öl ausbacken und auf Küchenpapier abtropfen lassen.

Die Suppe nochmals erhitzen und gut aufschäumen, in vorgewärmte Gläser füllen und mit den Kürbiskernen bestreuen. Den Milchschaum daraufsetzen und mit dem Kürbiskernöl beträufeln. Die Croustillons auf Spiesschen gesteckt auf die Suppe setzen.

Tipp:
Das Kürbispüree hält sich im Kühlschrank 3 Tage, lässt sich aber auch gut tiefkühlen.

Gebackene Jakobsmuschel mit wildem Spargel und Koriandermayonnaise

Jakobsmuscheln:
3 EL helle Sojasauce
1 Messerspitze Chinagewürzmischung
1 EL Sesamöl
4 Jakobsmuscheln
4 EL Mehl
2 Eier, verquirlt
6 Scheiben Toastbrot ohne Rinde, fein gemahlen
300 ml Traubenkernöl zum Frittieren

500 g wilder Spargel
4 Schnittlauchhalme, blanchiert
100 ml Gemüsefond

2 EL reduzierter Balsamicoessig
1 EL Koriandermayonnaise (siehe Grundrezepte)
½ Bund Koriander, Blätter abgezupft und frittiert (siehe Seite 60)

Sojasauce, Gewürzmischung und Sesamöl zu einer Marinade verrühren und die Jakobsmuscheln darin 3 Stunden ziehen lassen, dabei öfter wenden.

Den Spargel in Salzwasser blanchieren, in Eiswasser abschrecken. 4 gleich gosse Bündel bilden und mit den Schnittlauchhalmen zusammenbinden, den unteren Teil Spargelstangen abschneiden.

Die Jakobsmuscheln aus der Marinade heben, mit Küchenpapier trockentupfen, zuerst im Mehl, dann im Ei wenden und mit den Weissbrotbröseln panieren. Im 160 Grad heissen Öl goldgelb backen, auf Küchenpapier abtropfen lassen.

Inzwischen den Gemüsefond erhitzen und die Spargelbündel darin erwärmen. Herausheben, trockentupfen und zusammen mit den gebackenen Jakobsmuscheln auf vorgewärmten Tellern anrichten. Mit der Balsamicoreduktion, der Koriandermayonnaise und den frittierten Korianderblättern ausgarnieren.

Hummer und Jakobsmuschel mit jungem Gemüse und Zitronengrassauce

12 Kefen, gerüstet
4 Stangen Baby-Lauch, gerüstet
4 junge Karotten mit Grün, geschält
20 Erbsenschoten, Erbsen ausgelöst
1 kleiner Romanesco, in Röschen zerteilt
1 blaue Kartoffel, geschält
Öl zum Frittieren

2 bretonische Hummer à 400 g
40 g Butter
8 Basilikumblätter
Fleur de Sel
1 Limette, Saft

4 Jakobsmuscheln, küchenfertig

Zitronengrassauce (siehe Grundrezepte)

Das Gemüse in kochendem Wasser blanchieren, in Eiswasser abschrecken, trockentupfen und beiseite stellen. Die Kartoffel in hauchdünne Scheiben schneiden, wässern, trockentupfen und bei 120 Grad frittieren.

Die Hummer nach Grundrezept kochen. Scheren- und Schwanzfleisch auslösen.

In eine beschichtete Bratpfanne die zimmerwarme Butter, Basilikumblätter, Fleur de Sel und Limettensaft geben. Das Hummerfleisch daraufgeben, mit Plastikfolie abdecken und bei 40 Grad im Ofen oder auf dem Rechaud warm halten.

Das Gemüse erwärmen. Die Jakobsmuscheln beidseitig kurz grillieren. Den Hummer mit der Basilikum-Butter-Mischung bestreichen und in dekorative Stücke schneiden. Alles zusammen anrichten und mit Zitronengrassauce umgiessen.

Gegrillte Jakobsmuschel mit marinierten Périgordtrüffeln und Steinpilzen

2 Périgordtrüffel, gewaschen, gebürstet, trockengetupft
2 EL Trüffeljus (Fertigprodukt)
2 EL Madeira
2 EL roter Portwein
1 Karotte, geschält
8 Jakobsmuscheln, küchenfertig
4 kleine Steinpilze, geputzt
etwas Olivenöl
Kräutersalz, Pfeffer aus der Mühle
2 EL Hausdressing (siehe Grundrezepte)
Blattsalate, Kräuter und Blüten der Saison als Garnitur

Die Trüffeln in dünne Scheiben schneiden. Mit Trüffeljus, Madeira und Portwein mischen und etwa 2 Stunden zugedeckt marinieren.

Die Karotte auf der Aufschnittmaschine oder mit dem Gemüsehobel der Länge nach in 1 mm dicke Scheiben schneiden.
In Salzwasser blanchieren, in Eiswasser abschrecken und auf Küchenpapier trockentupfen.

Die Jakobsmuscheln mit einem Bundmesser horizontal halbieren, mit Olivenöl bepinseln und in der Grillpfanne beidseitig kurz braten. Warm stellen.

Die Steinpilze in Olivenöl scharf anbraten, würzen und vom Herd ziehen. Die Trüffelscheiben mit dem Fond beigeben und kurz durchschwenken.

Die Karottenstreifen durch das Dressing ziehen und Bouquets von Salatblättern, Kräutern und Blüten damit umwickeln. Zusammen mit den Trüffeln und Steinpilzen sowie den Jakobsmuscheln auf vorgewärmten Tellern anrichten. Mit dem Trüffelsaft beträufeln.

Variation von Meeresfrüchten

1 Stange Lauch (nur weisser Teil), gewaschen, längs halbiert, in 4 cm lange Streifen geschnitten
20 Kefen (Kaiserschoten), gerüstet, in feine Streifen geschnitten
400 g Bouchot-Muscheln, gekocht (siehe Grundrezepte, Seite 182)

Scampibällchen:
2 Blätter Frühlingsrollenteig
2 Scampischwänze, ausgebrochen, Darm entfernt
Salz, Pfeffer aus der Mühle
1 TL Gemüsewürfelchen, blanchiert
1 EL Fischfarce (siehe Grundrezepte)
Öl zum Frittieren

150 g junger Spinat, gerüstet und gewaschen
1 Schalotte, fein gewürfelt
20 g Butter

2 Jakobsmuscheln, in 4 gleichmässige Stücke geschnitten
1 Hummerschwanz, ausgebrochen (siehe Grundrezepte), in 4 Medaillons aufgeschnitten
3 EL Butter, gebräunt (Nussbutter, siehe Grundrezepte)
Fischfond
1 Zweig Basilikum
Salz, Pfeffer aus der Mühle, Zucker

Garnitur:
Randenchips, Süsskartoffelchips,
blaue Kartoffelchips (siehe Grundrezepte)
Zitronengras-, Champagner- und Hummersauce (siehe Grundrezepte)

Die Lauchstreifen und Kefenstreifen separat in Salzwasser blanchieren, in Eiswasser abschrecken und auf Küchenpapier trockentupfen.

Die Muscheln nach Grundrezept kochen und das Muschelfleisch auslösen.

Die Frühlingsrollenteigblätter aufeinanderlegen, eng einrollen und in feine Streifen schneiden. Die Scampischwänze in Würfel schneiden, würzen, mit den Gemüsewürfelchen und der Fischfarce vermischen. Den Frühlingsrollenteig in 4 Häufchen aufteilen, ebenso die Fischfarce. Jeweils eine Portion Fischfarce in die Mitte der Teigstreifen setzen und zu lockeren Bällchen formen.

Die Muscheln im Muschelfond wieder erwärmen. Den Lauch und die Kefen in etwas heissem Gemüse-Butter-Fond glacieren (siehe Grundrezepte). Den Spinat mit der Schalotte in der Butter erhitzen. Die Scampibällchen im 120 Grad heissen Öl frittieren, auf Küchenpapier abtropfen lassen und leicht salzen. Die Jakobsmuscheln in der Nussbutter glasig braten und auf Küchenpapier abtropfen lassen. Die Hummermedaillons ebenfalls in Nussbutter mit wenig Fischfond und dem Basilikum bei milder Hitze erwärmen.

Zusammen oder auf separaten vorgewärmten Tellern anrichten:
Die Kefen auf die Teller verteilen, jeweils einige Bouchonmuscheln und je ein Scampibällchen daraufsetzen. Mit Champagnerschaum umgiessen und mit Randenchips garnieren. Den Spinat anrichten, je eine Jakobsmuschel daraufsetzen, mit dem Zitronengrasschaum umgiessen und mit blauen Kartoffelchips ausgarnieren. Den Lauch auf die Teller verteilen, die Hummermedaillons daraufsetzen, mit Hummerschaum umgiessen und mit den Süsskartoffelchips ausgarnieren.

Mediterran geräucherte Rotbarbe mit Kaviar-Crème-fraîche

2 Rotbarben à 400 g, geschuppt, filetiert, entgrätet
8 Zweige Thymian
2 Zweige Rosmarin
3 Wacholderbeeren
2 Lorbeerblätter
5 weisse Pfefferkörner
2 Knoblauchzehen, in feine Scheiben geschnitten
2 unbehandelte Zitronen, abgeriebene Schale
200 ml Olivenöl
Meersalz
2 EL Buchenholz-Räuchermehl

100 g Crème fraîche
Salz, Pfeffer aus der Mühle, Zitronensaft
1 TL Osciètre-Kaviar
1 EL Forellenkaviar
1 EL Lachskaviar
12 Kefen, gerüstet
Randensprossen als Garnitur

Ein in den Räucherofen passendes Blech mit Aluminiumfolie auslegen. Die Fischfilets aus der Marinade nehmen, trockentupfen, einrollen, mit Zahnstochern fixieren und auf das Blech geben. Mit den Kräutern belegen und mit etwas Meersalz würzen. Den Räucherofen auf 220 Grad aufheizen, das Räuchermehl auf den Boden des Räucherofens streuen und 10 Minuten anräuchern. Dann die Rotbarben für 2–3 Minuten in den Räucherofen geben, bis sie schön glasig sind. Herausnehmen und warm halten.

Die Crème fraîche mit Salz, Pfeffer und Zitronensaft würzen und die drei Kaviarsorten beigeben.

Die Kefen blanchieren, in Eiswasser abschrecken und auf Küchenpapier trockentupfen. In etwas heissem Gemüse-Butter-Fond (siehe Grundrezepte) schwenken und auf die vorgewärmten Teller geben. Die Rotbarbenröllchen daraufsetzen, mit der Kaviar-Crème-fraîche umgiessen und mit Randensprossen ausgarnieren.

Tipp:
Wer keinen Räucherofen zur Verfügung hat, kann Räuchermehl oder Sägespäne zusammen mit 4 Wacholderbeeren in einer Gusseisenpfanne auf dem Herd erhitzen, bis sich Rauch entwickelt, dann mit Alufolie abdecken, diese leicht mit Olivenöl bepinseln, die Rotbarben darauflegen und etwa 3 Minuten im 220 Grad heissen Backofen mit Oberhitze garen, bis sie schön glasig sind.
Die Rotbarbenfilets mit den Kräutern und Würzzutaten 24 Stunden im Olivenöl marinieren.

In der Folie gedämpfter Wildsaibling mit Rispentomaten, Gartenkräutern und Champagnersauce

4 Wildsaiblinge à 300 g, küchenfertig
Kräutersalz, Pfeffer aus der Mühle
einige Zweige Petersilie
250 g Rispentomaten, halbiert
4 Schalotten, in feine Scheiben geschnitten
2 Knoblauchzehen, halbiert, leicht gequetscht
12 Thymianzweige
4 kleine Zweige Rosmarin
1 kleines Bund glattblättrige Petersilie
1 kleines Bund Basilikum
8 Pfefferkörner
4 Lorbeerblätter
4 Pimentkörner
200 ml Weisswein
100 ml Noilly Prat (trockener Wermut)
100 ml Olivenöl
Meersalz

Champagnersauce (siehe Grundrezepte)

Den Fisch würzen, die Bauchhöhle mit Petersilie füllen.

Vier doppelte Lagen Alufolie auf der Arbeitsfläche ausbreiten, die Ränder leicht nach oben schlagen. Tomaten, Schalotten, Knoblauchzehen, Kräuter und Gewürze darauf verteilen. Die Fische auf das Kräuter-Tomaten-Bett legen, mit Weisswein, Noilly Prat und Olivenöl beträufeln. Die Folie gut verschliessen. Den Fisch in der Folie in eine weite Pfanne geben und auf dem Herd langsam erhitzen, bis sich die Aluminiumfolie aufgebläht hat. Vom Herd nehmen und 20 Minuten ziehen lassen, dann die Folie öffnen, den Fisch herausnehmen, filetieren, die Haut entfernen.

Die Fischfilets auf vorgewärmten Tellern anrichten. Mit etwas Tomaten-Kräuterfond überziehen, mit Meersalz würzen und mit Champagnersauce umgiessen.

Tauben-Crêpinette im Mangoldmantel mit Kohlrabiragout und schwarzen Nüssen

4 Taubenbrüste (Meleta), küchenfertig pariert
4 Mangoldblätter
4 EL Fleischfarce (siehe Grundrezepte)
Salz, Pfeffer aus der Mühle
5 grosse Shiitakepilze, geputzt
20 g Butter für Pilze und Gemüse
100 g Schweinenetz, gewässert, in 4 Stücke geschnitten

2 Kohlrabi, geschält, gewürfelt
1 Kartoffel, fest kochend
1 blaue Kartoffel
1 Süsskartoffel
geklärte Butter oder Olivenöl zum Anbraten
6 schwarze Nüsse (siehe Grundrezepte), in Scheiben geschnitten, Abschnitte fein gewürfelt
Rotweinjus (siehe Grundrezepte), erhitzt

Von den Taubenbrüsten die kleinen Filets ablösen und beiseite legen.

Die Mangoldblätter in kochendem Wasser blanchieren, in Eiswasser abschrecken und auf einem Küchentuch auslegen. Mit dem Nudelholz darüberrollen, sodass die Blätter gleichmässig dünn sind. Die kleinen Brustfilets mit Farce bestreichen und jeweils in ein Stück Mangold einrollen. Die Taubenbrüste pfeffern und ebenfalls mit Farce bestreichen. Jede auf eines der ausgelegten Mangoldblätter legen. Die kleinen Filets darauflegen, nochmals mit Farce bestreichen und vollständig in das Mangoldblatt einwickeln.

Die Shiitakepilze in dünne Scheiben schneiden und kurz in heisser Butter schwenken. Mit Salz und Pfeffer würzen. Die Pilze mit Küchenpapier trockentupfen und die eingewickelten Taubenbrüste damit belegen. Danach das Ganze in Schweinenetz einwickeln.

Die Kohlrabiwürfel kurz in Salzwasser blanchieren und in Eiswasser abschrecken. Die Kartoffeln schälen, in feine Streifen schneiden und kurz wässern.

Die Crêpinette bei milder Hitze rundherum in geklärter Butter oder Olivenöl anbraten und anschliessend 5 Minuten im auf 150 Grad vorgeheizten Backofen garen.

Die Kartoffelstreifen trockentupfen, gleichmässig in kleine Frittierkörbchen verteilen und bei 130 Grad im heissen Frittieröl ausbacken.

Die Kohlrabiwürfel mit den gewürfelten Abschnitten der Nüsse erwärmen, in der Mitte der vorgewärmten Teller anrichten.
Die Taubenbrüste jeweils halbieren und mit den Nussscheiben auf das Kohlrabiragout legen. Mit Rotweinjus umgiessen und zuletzt das Kartoffelnest aufsetzen.

Tipp:
Statt des Kartoffelnests kann man auch frittierte Kartoffelspäne dazu anrichten.

Dreierlei von der Wachtel

20 g Butter
1 Schalotte, fein gewürfelt
200 g Erbsen
3 EL Weisswein
100 ml Rahm
Salz, Pfeffer aus der Mühle, Zucker

2 ganze Wachteln
120 g Fleischfarce (siehe Grundrezepte)
1 EL Petersilienpüree (siehe Tipp)
5 g schwarze Trüffel, ganz fein gewürfelt

4 Wachteleier
3 kleine Steinpilze, geviertelt
Mehl, 2 Eier, Weissbrotbrösel, entrindet
Öl zum Frittieren
Rotweinjus zum Beträufeln (siehe Grundrezepte)
1 violette Kartoffel

In einer Sauteuse die Butter erhitzen, die Schalotte mit den Erbsen darin andünsten, mit dem Weisswein ablöschen und diesen vollständig einkochen lassen. Mit dem Rahm aufgiessen und diesen um die Hälfte einkochen lassen. Mit Salz, Pfeffer und Zucker abschmecken. Mixen, durch ein Haarsieb streichen und falls nötig nochmals auf kleiner Hitze zu einem dickflüssigen Püree einkochen.

Den Backofen auf 150 Grad vorheizen. Die Wachtelbrüste auslösen und die Haut entfernen. Die Keulen hohl auslösen. Die 4 Brüste auf eine gebutterte Aluminiumfolie geben und mit Salz und Pfeffer würzen.

Die Fleischfarce mit dem Petersilienpüree mischen. Die fein gewürfelte Trüffel einarbeiten und abschmecken. Die Brüstchen gleichmässig mit Farce bestreichen und im vorgeheizten Ofen 7 Minuten backen. Herausnehmen und abkühlen lassen. Die Keulen mit der Trüffelfarce füllen, würzen, in Klarsichtfolie und anschliessend in Alufolie wickeln. 25 Minuten in leicht siedendem Wasser ziehen lassen, herausnehmen, auskühlen lassen und aus der Folie wickeln.

Das Erbsenpüree leicht erwärmen. Kleine Metallringe auf die Teller setzen, das Erbsenpüree einfüllen, leicht andrücken und den Ring abziehen.

Die Wachteleier braten, in Form stechen und auf das Erbsenpüree setzen. Die Pilze kurz in Olivenöl anbraten. Die Wachtelkeulen zuerst in Mehl, dann im Ei und in den Brotbröseln wenden. In 120 Grad heissem Fett ausbacken. Die Brust halbieren und zusammen mit der Keule anrichten. Mit Rotweinjus beträufeln und nach Belieben mit Kartoffelchips (siehe Grundrezepte) ausgarnieren.

Tipp:
Zur Herstellung von Petersilienpüree abgezupfte Petersilienblätter in kochendem Salzwasser kurz blanchieren, in Eiswasser abschrecken, gut trockenschleudern und anschliessend mit dem Stabmixer fein pürieren. Neben dem Einfärben von Fleischfarcen ebenfalls geeignet als Basis für Petersiliencremesuppe und als würzende Zutat zu anderen Suppen oder Gemüsegerichten.

Lammrücken mit Tomaten-Oliven-Kruste und Gemüsetörtchen

Gemüsetörtchen:
200 ml Geflügelfond
1 Messerspitze Kurkuma
4 Mini-Maiskolben
1 Zucchetti, längs in dünne Scheiben geschnitten
1 Aubergine, in 1 cm dicke Scheiben geschnitten
Salz, Pfeffer aus der Mühle
1 Knoblauchzehe, angequetscht
etwas Thymian und Rosmarin
Olivenöl
je 1 rote und gelbe Peperoni (Paprika), halbiert, entkernt, geschält und in Rauten gschnitten
4 Cherrytomaten mit Strunk
Öl zum Frittieren
1 Artischocke, gekocht (siehe Grundrezepte)
4 EL Basilikumpesto (siehe Grundrezepte)

500 g Lammkarree (Sisteron), küchenfertig pariert
Salz, Pfeffer aus der Mühle
Olivenöl

Tomaten-Oliven-Kruste:
250 g Butter, zimmerwarm
1 EL Tomatenmark
2 ganze Eier und 3 Eigelb
300 g konfierte Tomaten (siehe Grundrezepte), fein gewürfelt
100 g grüne Oliven, fein gewürfelt
1 TL gemischte Kräuter (Thymian, Rosmarin, Estragon, Bohnenkraut), fein gehackt
Kräutersalz, Pfeffer aus der Mühle
80 g Brotbrösel

Basilikumpesto

Für die Gemüsetörtchen den Geflügelfond aufkochen, vom Herd ziehen und mit dem Kurkuma einfärben. Die Maiskölbchen hineinlegen, mit Plastikfolie abdecken und 2 Stunden bei kleiner Hitze ziehen lassen.

Zucchetti- und Auberginenscheiben in eine Schüssel geben, mit Salz und Pfeffer würzen, den Knoblauch und die Kräuter beigeben, mit Olivenöl beträufeln und etwa 1 Stunde marinieren.

Zucchetti, Auberginen und Peperoni beidseitig grillieren. Etwas abkühlen lassen. Die Auberginenscheiben mit einem Ausstecher gleichmässig rund ausstechen. Die Cherrytomaten im 160 Grad heissen Öl kurz ausbacken und warm stellen. Die Auberginenscheiben mit dem grillierten Gemüse belegen, die Maiskölbchen der Länge nach halbieren und daraufsetzen. Warm halten. Die Artischocke in gleichmässige Stücke schneiden und in Olivenöl kurz anbraten.

Das Lammkarree würzen, in heissem Olivenöl von allen Seiten gut anbraten und etwas ruhen lassen. Dann im vorgeheizten Ofen bei 180 Grad auf dem Gitterrost mit darunter eingeschobener Abtropfschale 12 Minuten braten. Herausnehmen und kurz ruhen lassen. Die Backofentemperatur auf maximale Oberhitze erhöhen.

Für die Oliven-Tomaten-Kruste die Butter in der Küchenmaschine schaumig weiss schlagen. Das Tomatenmark darunterrühren, Eier und Eigelbe nach und nach dazugeben und nochmals kräftig durchschlagen. Dann Tomaten, Oliven und Kräuter beigeben, mit Salz und Pfeffer abschmecken und zuletzt die Brotbrösel daruntermischen. Auf dem Fleisch verteilen und in der Mitte des 220 Grad heissen Backofens mit Oberhitze etwa 2 Minuten goldbraun überbacken.

Den Lammrücken aufschneiden und auf vorgewärmte Teller geben. Gemüsetörtchen, Cherrytomaten und Artischocken dazusetzen und mit Pesto ausgarnieren.

Tipp:
Die Masse für die Oliven-Tomaten-Kruste kann auch vorbereitet, zu einer Rolle geformt und in Alufolie eingeschlagen, kühl gestellt werden.

Hirschkalbrücken in Sauerrahmteig

Sauerrahmteig:
500 g Mehl
200 g Sauerrahm
3 Eier
1 EL Essig
Salz, Pfeffer aus der Mühle
2 Eigelb zum Bestreichen

10 Wacholderbeeren, leicht gequetscht
6 Zweige Thymian, Blättchen abgezupft
2 Zweige Rosmarin, Nadeln abgezupft
600 g Hirschkalbrücken, küchenfertig pariert
Kräutersalz, Pfeffer aus der Mühle

Rotweinjus (siehe Grundrezepte), mit
Rosmarinnadeln parfümiert

Für den Teig das Mehl in eine Schüssel geben, mit Sauerrahm, Eiern, Essig, Salz und Pfeffer vermischen und zu einem homogenen Teig kneten. In Plastikfolie einwickeln und 1 Stunde ruhen lassen.

Den Teig auf einer bemehlten Arbeitsfläche 5 mm dick auswallen und halbieren. Die eine Teighälfte mit den Wacholderbeeren und den Kräutern bestreuen. Das Fleisch würzen und darauflegen. Mit der zweiten Teigplatte bedecken, rundherum gut andrücken und überstehenden Teig abschneiden. Auf einem mit Pergamentpapier ausgelegten Blech bei 250 Grad im Ofen 17 Minuten backen. Herausnehmen und mindestens 10 Minuten ruhen lassen. Mit einem scharfen Messer einen Deckel abschneiden. Das Fleisch herausheben, auf Küchenpapier trockentupfen und aufschneiden.

Nach Belieben auf sautierten Steinpilzen und mit Rotkraut oder gedämpften Rosenkohlblättern als Beilage anrichten. Mit Rosmarinjus umgiessen.

Ananas-Schokoladen-Cannelloni auf Ananascarpaccio mit Piña-Colada-Sorbet

Schokoladencannelloni:
200 g Guanaja-Kuvertüre (70% Kakaoanteil), gehackt

Ananasparfait:
60 g Kristallzucker
2 Eier und 2 Eigelb
2 Blatt Gelatine, in kaltem Wasser eingeweicht
200 g Ananaspüree (von ca. ½ Ananas)
300 g Rahm, steif geschlagen

Piña-Colada-Sorbet:
100 g Kokosmark
100 ml Rahm
100 ml Prosecco
1 TL weisser Rum
1 TL Batida de Coco
100 ml Ananassaft
1 Orange, Saft
100 g Zucker

1 reife Ananas, geschält, geviertelt, Strunk entfernt

Für die Schokoladencannelloni 4 aus fester Plastikfolie geschnittene Streifen von 13 cm Länge und 3 cm Breite und 4 Chromstahlringe (10 cm hoch, 3,5 cm Durchmesser) bereitlegen.

Die Kuvertüre über dem heissen Wasserbad schmelzen, dann vom Wasserbad nehmen und lauwarm abkühlen lassen (25 Grad). Zwei Drittel der Schokolade glattrühren, dann wieder zur restlichen Schokolade geben und über dem Wasserbad erneut etwas erwärmen (auf ca. 30 Grad); dadurch erhält die Schokoladenmasse einen cremigen Glanz. Die Schokoladenmasse auf die Plastikstreifen aufstreichen, diese einrollen, in die Ringe stellen und die Schokolade fest werden lassen.

Für das Ananasparfait den Zucker mit Eiern und Eigelben in einer Schüssel über dem heissen Wasserbad schaumig schlagen. Die ausgedrückte Gelatine beigeben und die Mischung mit dem Handmixer kaltschlagen. Das Ananaspüree daruntermischen und zuletzt den geschlagenen Rahm darunterziehen. In die vorbereiteten Schokoladenzylinder füllen und gefrieren lassen.

Für das Sorbet alle Zutaten mischen und in der Eismaschine gefrieren lassen. In ein Gefäss umfüllen und tiefkühlen.

Die Ananasviertel in feine Scheiben schneiden, auf den Tellern auslegen. Die Ananas-Schokoladen-Cannelloni darauf anrichten und jeweils eine Kugel Sorbet daraufsetzen.

Geeister Mojito-Verveine-Schaum

300 ml Limettensaft (von ca. 10 Limetten)
abgeriebene Schale von 2 Limetten
500 g Zuckersirup (siehe Grundrezepte)
100 g Glukose
1 kleine Handvoll (5 g) frische Eisenkrautblätter
50 g Zuckerrohrschnaps
100 ml Magermilch

Den Limettensaft mit der abgeriebenen Limettenschale, dem Zuckersirup und der Glukose aufkochen, bis sich der Zucker gut aufgelöst hat. Über die Eisenkrautblätter giessen, mit Frischhaltefolie abdecken und gut handwarm abkühlen lassen. Den Zuckerrohrschnaps beifügen und die Mischung 24 Stunden tiefkühlen, dabei ab und zu gut durchrühren. Den geeisten Schaum in vorgekühlte Gläser füllen.

Die Milch erhitzen und aufschäumen, auf den geeisten Schaum Verveineschaum setzen.

Zweierlei Schokoladenmousse im Hippenröllchen mit glasierten Kirschen

Hippenteig:
20 g geklärte Butter
20 g Mehl
20 g Puderzucker
1 Eiweiss (20 g)

Weisses Schokoladenmousse:
1 Ei
1 Eigelb
1 Prise Salz
1 TL Vanillezucker
1 Blatt Gelatine, in kaltem Wasser eingeweicht
10 ml Grand Marnier
150 g weisse Kuvertüre, gehackt
250 ml Rahm, geschlagen

Dunkles Schokoladenmousse:
1 Ei
1 Eigelb
40 g Zucker
75 g Vollmilchkuvertüre
75 g Zartbitterkuvertüre
250 ml Rahm, geschlagen

Glasierte Kirschen:
40 g Kristallzucker
40 ml Rotwein
40 ml roter Portwein
125 g entsteinte Kirschen für das Püree
¼ Zimtstange
¼ Vanilleschote
20 entsteinte Kirschen, halbiert

Pfefferminzblätter und gehackte Pistazien als Garnitur

Für die Hippen Butter, Mehl, Puderzucker und Eiweiss zu einem cremigen Teig rühren. Auf einem mit Backpapier belegten Blech mithilfe einer Schablone (z.B. dickes Papier oder dünner Karton) von 3 x 4 cm Grösse die Masse zu kleinen Rechtecken glatt ausstreichen. Im auf 180 Grad vorgeheizten Backofen 5–7 Minuten goldgelb backen. Herausnehmen und noch warm über einen Holzkochlöffel legen und zu Röllchen formen. Bis zur weiteren Verwendung trocken aufbewahren.

Für das weisse Schokoladenmousse Ei und Eigelb mit Salz und Vanillezucker über dem heissen Wasserbad schaumig aufschlagen, danach kaltschlagen. Die gut ausgedrückte Gelatine im leicht erhitzten Grand Marnier auflösen und unter die Eimasse mischen.

Die gehackte Kuvertüre in einer Schüssel über dem heissen Wasserbad langsam flüssig rühren. Ebenfalls unter die Eimasse mischen. Die Masse auf Lippentemperatur abkühlen lassen. Dann den Schlagrahm darunterziehen und im Kühlschrank durchziehen lassen.

Die dunkle Mousse (ohne Beigabe von Gelatine) auf dieselbe Art zubereiten.

Für die Kirschen den Zucker bei milder Hitze goldgelb karamellisieren, mit Rotwein und Portwein ablöschen. Die Kirschen zusammen mit Zimtstange und Vanilleschote beigeben und darin weich kochen. Pürieren und durch ein Sieb streichen. Die halbierten Kirschen in die heisse Kirschensauce geben und erkalten lassen.

Das weisse und das dunkle Schokoladenmousse in je einen Dressiersack geben und die Hippen damit füllen. Dekorativ auf den Tellern anrichten, mit lauwarmem Kirschenragout umgiessen. Nach Belieben mit einem Pfefferminzblatt und gehackten Pistazien garnieren.

Tonkabohnen-Crème-brûlée mit Zitrusfrüchteragout

Für 8–10 Portionen

Creme:
200 ml Rahm
100 ml Magermilch
80 g Zucker
2 Tonkabohnen
6 Eigelb
2 EL brauner Rohrzucker

Zitrusfrüchteragout:
2 Orangen
1 rote Grapefruit
1 rosa Grapefruit
2 Limetten
½ Vanilleschote
60 g Aprikosengelee

Für die Creme den Rahm mit Milch, Zucker und den Tonkabohnen aufkochen, dann vom Herd ziehen und 10 Minuten ziehen lassen. Die Eigelbe beigeben und erneut unter stetem Rühren so lange erhitzen, bis die Creme bindet und den Löffelrücken dickflüssig überzieht. Durch ein Sieb giessen, in Portionenformen füllen, abkühlen lassen und zugedeckt im Kühlschrank 4–6 Stunden gut durchkühlen.

Für das Zitrusfrüchteragout alle Früchte schälen und filetieren; dabei den Saft auffangen und den Saft aus den Schalen und Häuten auspressen. Den Saft zusammen mit der Vanilleschote aufkochen und etwas einkochen lassen. Das Aprikosengelee beifügen und die Sauce auf Zimmertemperatur abkühlen lassen. Die Früchtefilets daruntermischen und kühl stellen.

Den Rohrzucker auf der Creme verteilen und mit dem Bunsenbrenner karamellisieren. Das Zitrusfrüchteragout separat in einem Schälchen dazu servieren.

Délice von Orange und Joghurt

Orangenjoghurt:
100 g Zucker
1 l frisch gepresster Orangensaft
1 Vanillestange, halbiert und ausgekratzt
1 Sternanis
½ Zimtstange
120 g Joghurt nature

Grand-Marnier-Joghurt:
120 g Joghurt nature
2 EL Grand Manier

Joghurteis:
1 EL (20 g) Zucker
10 g Glukose
75 g Joghurt nature
1 Limette, Saft

Joghurtschnee:
1 EL (20 g) Joghurt nature
1 TL Limettensaft
1 EL Puderzucker

Thymianstreusel:
1 EL Zucker
25 g Butter
40 g Mehl
1 Messerspitze Vanillezucker
1 Zweig Thymian, abgezupfte Blättchen
Salz, abgeriebene Zitronenschale

250 g reife Erdbeeren, gewaschen, getrocknet, geviertelt
50 g Zuckersirup (siehe Grundrezepte)
140 g Walderdbeeren, geputzt

1 Blond- und 1 Blutorange, geschält und filetiert

Thymianzweiglein, Pfefferminzblätter, Orangenchips (siehe Grundrezepte, Seite 184) und Pinienkerne als Garnitur

Für den Orangenjoghurt den Zucker karamellisieren und mit dem Orangensaft ablöschen. Vanillestange, Sternanis und Zimtstange dazugeben und die Flüssigkeit langsam auf 200 ml einkochen. Abkühlen lassen und dann mit dem Joghurt mischen.

Die Zutaten zum Grand-Marnier-Joghurt mischen.

Für das Joghurteis den Zucker mit der Glukose erwärmen, Joghurt und Limettensaft dazugeben und die Masse gefrieren lassen.

Die Zutaten zum Joghurtschnee mischen und einfrieren.

Alle Zutaten zum Thymianstreusel mischen, zwischen den Handflächen zu Bröseln reiben. Auf ein mit Backpapier belegtes Blech streuen und im Ofen bei 160 Grad 15 Minuten backen, dann erkalten lassen.

Die 250 g Erdbeeren mit dem Zuckersirup auf kleiner Flamme weich kochen, anschliessend durch ein Sieb streichen. Mit den Walderdbeeren mischen.

Für jede Person 3 Gläser bereitstellen. In das erste Glas Orangenjoghurt und Orangenfilets geben und eine Kugel Joghurteis daraufsetzen. In das zweite Glas die Erdbeeren füllen, mit Joghurtschnee auffüllen. Den Boden des dritten Glases mit ganz wenig Orangenjoghurt auskleiden, mit dem Grand-Marnier-Joghurt auffüllen und mit dem Thymianstreusel bestreuen. Mit Thymianzweig, Pfefferminzblättern, Orangenchips und Pinienkernen ausgarnieren.

Ras el hanout

Der Name dieser Gewürzmischung heisst übersetzt »Chef des Ladens«; gemeint ist das Beste im Angebot. Jeder orientalische Gewürzhändler hat dazu sein eigenes geheim gehaltenes Hausrezept. Die Gewürzmischung soll heilende Kräfte haben.

½ TL gemahlener Kurkuma
½ TL Ingwerpulver
½ TL gemahlene Muskatblüte
½ TL gemahlene Maniguette (oder andere Muskatsorte)
½ TL gemahlener Kardamom
½ TL Paprikapulver
½ TL gemahlener schwarzer Pfeffer
½ TL gemahlene Eschenbeeren
½ TL Zimt
½ TL Spanische Fliege nach Bedarf (fakultativ)

Hitzbergers Hausdressing

Ergibt 1,2 Liter

½ l Wasser
50 g Zucker
30 g gekörnte Rindsbouillon
2 Schalotten, gehackt
20 g Knoblauch, gehackt
150 ml Sherryessig
50 ml Rotweinessig
50 ml Champagneressig
40 ml junger Balsamicoessig
10 ml gereifter Balsamicoessig
1 TL Sojalecithin (Reformhaus)
50 g Zuckersirup (siehe Grundrezepte)
200 ml Sonnenblumenöl
125 ml Traubenkernöl
Salz, Pfeffer aus der Mühle, evtl. Zitronensaft

Das Wasser mit Zucker, Bouillonpulver, Schalotten und Knoblauch aufkochen, dann zugedeckt 12 Stunden ziehen lassen.

Die Bouillonmischung leicht erwärmen, die verschiedenen Essigsorten daruntermischen, das Sojalecithin und den Zuckersirup dazugeben, alles gut mixen und durch ein Sieb giessen. Nun die beiden Ölsorten in dünnem Strahl einrühren. Mit Salz, Pfeffer und nach Belieben etwas Zitronensaft abschmecken.

Das Dressing in Flaschen mit Bügelverschluss abfüllen. Im Kühlschrank 4–6 Wochen haltbar. Vor der Verwendung Zimmertemperatur annehmen lassen.

Weisse Balsamicovinaigrette

Ergibt 0,6 Liter

300 ml Geflügelfond (siehe unten)
Salz, Pfeffer aus der Mühle
½ EL Maisstärke (Maizena)
80 ml weisser Balsamicoessig
100 ml feinstes Olivenöl
250 ml Maiskeimöl
200 ml Noilly Prat, auf 2 EL eingekocht

Den Geflügelfond um einen Drittel einkochen, mit Salz und Pfeffer würzen. Die Maisstärke mit kaltem Wasser anrühren und den Fond damit binden. Durch ein Sieb giessen. Zusammen mit dem Essig in den Mixer geben und kurz durchmixen, dann die beiden Öle in dünnem Strahl dazugiessen. Mit Salz, Pfeffer und der Noilly-Prat-Reduktion abschmecken. Im Kühlschrank 1–2 Wochen haltbar.

Dunkle Balsamicovinaigrette

Ergibt ¾ Liter

70 ml Balsamicoessig (12-jährig)
50 ml rote Portweinreduktion (siehe Seite 184)
50 ml Madeirareduktion (siehe Seite 184)
20 ml Noilly-Prat-Reduktion (siehe Seite 183)
75 ml Wasser
1 TL Trüffeljus (Fertigprodukt)
1 gestrichener TL Senf
2 gestrichene TL Salz, weisser Pfeffer aus der Mühle
200 ml Sonnenblumenöl
250 ml Olivenöl

JVA
Prepara
da
Silip* Furmia*
Muntanezza da Tuoi
Hotel H. Paradis

Alle Zutaten bis auf das Öl in einem hohen Gefäss mit dem Stabmixer kurz durchmixen. Die beiden Öle mischen und dabei in dünnem Strahl einlaufen lassen. Im Kühlschrank 1–2 Wochen haltbar.

Melonen-Fenchel-Vinaigrette

1 kleine Cavaillonmelone
1 kleine Fenchelknolle, geputzt
Salz, Pfeffer aus der Mühle, Zucker
6 EL Passionsfruchtvinaigrette (siehe Seite 22)

Die Melone halbieren, entkernen und schälen, das Fruchtfleisch in kleine Würfel schneiden. Den Fenchel ebenfalls fein würfeln, in kochendem Salzwasser knackig blanchieren und in Eiswasser abschrecken. Abtropfen lassen und auf Küchenpapier trockentupfen.

Die Melonen- und Fenchelwürfel mit Salz, Pfeffer und Zucker würzen und mit der Passionsfruchtvinaigrette mischen.

Basilikumpesto

60 g Pinienkerne
4 Knoblauchzehen
10 g grobes Meersalz
¼ l Olivenöl
40 g Pecorino, frisch gerieben
80 g Parmesan, frisch gerieben
160 g Basilikumblätter

Die Pinienkerne mit Knoblauch, Salz und Olivenöl im Cutter fein pürieren. Den Käse beifügen und nochmals kurz durchmixen. Zuletzt die Basilikumblätter daruntermixen. In Gläser mit Schraubverschluss füllen. Im Kühlschrank 2 Wochen haltbar.

Koriandermayonnaise

3 Eigelb
1 Messerspitze Kurkuma
1 TL Madrascurry
1 Messerspitze gemahlener Ingwer
1 Messerspitze Chinagewürzmischung
10 ml helle Sojasauce
50 ml Sonnenblumenöl
60 ml Sesamöl
1 EL Zuckersirup (siehe unten)
1 EL Crème fraîche
1 Bund Koriander, Blätter fein gehackt

Die Eigelbe mit den Gewürzen und der Sojasauce in eine Schüssel geben. Mit dem Schwingbesen kurz schaumig schlagen und dann unter ständigem weiterem Rühren Sonnenblumen- und Sesamöl in dünnem Strahl einlaufen lassen. Zuckersirup und Crème fraîche unter die Mayonnaise rühren und zuletzt den gehackten Koriander darunterziehen.

Butter

Geklärte Butter
Butter bei schwacher Hitze schmelzen lassen. Die weisse Schicht (Milcheiweiss) von der Oberfläche abschöpfen und anschliessend das reine Butterfett vorsichtig durch ein feines Sieb abgiessen, sodass der braune Bodensatz im Topf zurückbleibt.

Nussbutter (Beurre noisette)
Butter erhitzen, durch ein Sieb abgiessen und dann nochmals erhitzen, bis sie nussfarben gebräunt ist.

Glacieren von Gemüse (Glaçage)

100 ml Gemüse- oder Geflügelfond
Salz, Pfeffer aus der Mühle, Muskatnuss
30 g Butter, eiskalt, in Würfelchen

Den Gemüse- oder Geflügelfond aufkochen, mit Salz, Pfeffer und Muskatnuss abschmecken und die eiskalten Butterwürfelchen mit dem Stabmixer daruntermixen.

Tomatenfond und -gelee

Ergibt ½ Liter Liter

1 kg Tomaten, fein gewürfelt
½ TL Salz
½ EL Zucker
5 Blätter Basilikum
1 kleiner Zweig Rosmarin, Nadeln abgezupft
2 Zweige Thymian, Blätter abgezupft
½ Knoblauchzehe, geschält, gequetscht
Pfeffer aus der Mühle

Alles zusammen im Mixer kurz durchmixen. Über Nacht in einem Baumwolltuch abtropfen lassen und dabei den klaren Fond auffangen.

Für Tomatengelee auf 150 ml Fond 2 Blatt Gelatine in kaltem Wasser einweichen. Den Fond erwärmen, die ausgedrückte Gelatine darin auflösen und auf Zimmertemperatur abkühlen lassen. Nach Rezept weiterverarbeiten.

Tipp:
Die zurückbleibenden festen Bestandteile kann man zum Beispiel für eine Tomatensuppe oder Tomatensauce weiterverwenden.

Gemüsefond

Ergibt knapp 1 Liter

80 g Schalotten, in feine Scheiben geschnitten
2 Knoblauchzehen, leicht gequetscht
1 Karotte, gewürfelt
1 Stange Sellerie, fein gewürfelt
1 Stange Lauch (nur Weisses), in Ringe geschnitten
50 g Fenchel, fein gewürfelt
4 Champignons, geviertelt
4 Cherrytomaten, halbiert
60 ml Olivenöl
Salz, weisser Pfeffer aus der Mühle
3 Zweige glattblättrige Petersilie
1 Zweig Maggikraut
1 Zweig Thymian
3 Lorbeerblätter
1 Sternanis
1 l Wasser

Schalotten, Knoblauch und Gemüse im heissen Olivenöl glasig dünsten. Mit Salz und Pfeffer leicht würzen. Die Kräuter und Gewürze beigeben, mit dem kaltem Wasser auffüllen, zum Kochen bringen, dann die Hitze reduzieren und etwa 30 Minuten leicht köcheln lassen. Durch ein Haarsieb oder Tuch giessen und kühl stellen.

Geflügelfond

Ergibt 1 Liter

2 kg Geflügelkarkassen, fein gehackt
200 ml trockener Weisswein
50 g Champignons, geviertelt
100 g Schalotten, geviertelt
1 Karotte, längs halbiert
1 Stange Sellerie, fein geschnitten
1 Stange Lauch (nur Weisses), in Ringe geschnitten
½ Knoblauchzehe, leicht gequetscht
4 Cherrytomaten, halbiert
3–4 Zweige Petersilie
1 Estragonzweig
3 Pfefferkörner
2 Lorbeerblätter

Die Geflügelkarkassen in kochendem Wasser 2–3 Minuten blanchieren, abgiessen und gut abspülen. Die Knochen in einen Topf geben, mit dem Weisswein und kaltem Wasser auffüllen, bis sie gut bedeckt sind, und langsam zum Kochen bringen, dann die Hitze reduzieren und den entstehenden Schaum immer wieder abschöpfen. Gemüse, Kräuter und Gewürze beigeben und 1½ Stunden leicht köcheln lassen. Den Fond durch ein Haarsieb oder Tuch abgiessen. Erneut erhitzen und auf 1 Liter einkochen, erkalten lassen und entfetten.

Heller Kalbsfond

Ergibt 1 Liter

1 kg Kalbsbrustbein, klein geschnitten (ca. 3 x 3 cm)
1 kg Kalbsschwanz, klein geschnitten
200 ml trockener Weisswein
150 g Schalotten, in feine Scheiben geschnitten
1 Stange Sellerie, in feine Scheiben geschnitten
1 Karotte, fein gewürfelt
1 Stange Lauch, längs geviertelt
6 Cherrytomaten, halbiert
1 Knoblauchzehe, leicht gequetscht
je 1 Zweig Thymian, Rosmarin und Estragon
2 Zweige Petersilie
1 Lorbeerblatt
1 Gewürznelke
5 weisse Pfefferkörner

Die Knochen und den Kalbsschwanz in kochendem Wasser 2–3 Minuten blanchieren, in ein Sieb giessen und gut abspülen. Dann die Knochen und den Kalbsschwanz in einen Topf geben, mit Weisswein und Wasser auffüllen, bis alles gut bedeckt ist. Langsam aufkochen und immer wieder gut abschäumen. Gemüse, Kräuter und Gewürze beigeben und alles auf kleiner Hitze 2½ Stunden leicht köcheln lassen. Durch ein Sieb oder Tuch giessen, erkalten lassen und entfetten. Der Fond hält sich im Kühlschrank 5–6 Tage oder lässt sich auch gut (portionenweise) einfrieren.

Dunkler Kalbsfond

Ergibt 1 Liter

1 kg Kalbsbrustbein, klein geschnitten (ca. 3 x 3 cm)
1 kg Kalbsschwanz, klein geschnitten
500 g Kalbsabschnitte (Sehnen, Knorpel und Fleischabschnitte)
100 ml Sonnenblumenöl
50 g Fenchel, fein geschnitten
50 g Schalotte, in feine Scheiben geschnitten
1 Stange Lauch (nur Weisses), in Ringe geschnitten
1 Karotte, fein gewürfelt
1 Stange Stangensellerie, fein gewürfelt
40 g Tomatenmark
100 ml roter Portwein
200 ml trockener Rotwein (Shiraz)
6 Cherrytomaten, halbiert
1 Thymianzweig
1 Rosmarinzweig
2 Lorbeerblätter
8 Pfefferkörner
1 Gewürznelke
2 Pimentkörner
Salz, Pfeffer aus der Mühle, Zucker

Knochen, Kalbsschwanz und -abschnitte mit dem Öl in einen Bräter oder auf ein Blech geben und im Ofen bei 180 Grad goldbraun braten, dabei öfter wenden. Das Gemüse beigeben und so lange weiterrösten, bis das Gemüse weich ist. Das Tomatenmark beifügen und noch kurz weiterrösten. Nach und nach Portwein und Rotwein dazugiessen und jeweils vollständig einkochen lassen. Die Knochen erkalten lassen, dann in einem Topf mit kaltem Wasser gut bedeckt aufkochen und leicht köcheln lassen, dabei immer wieder abschäumen. Nach 2 Stunden Tomaten, Kräuter und Gewürze beigeben und 1 weitere Stunde leicht köcheln lassen. Durch ein Sieb giessen, mit Salz, Pfeffer und Zucker mild würzen und auf 1 Liter einkochen. Erkalten lassen. Der Fond hält sich im Kühlschrank 5–6 Tage oder lässt sich auch gut (portionenweise) einfrieren.

Tipps:
Es ist sehr wichtig, die Knochen nach dem Rösten abkühlen zu lassen, damit der Fond danach nicht trüb wird.

Wildfond

Ergibt 1 Liter

4 EL Sonnenblumenöl
2 kg Wildknochen, fein gehackt
500 g Wildabschnitte
150 g rote Zwiebeln, grob gewürfelt
50 g Knollensellerie, geschält, gewürfelt
1 Karotte, gewürfelt
50 g Tomatenmark
200 ml Rotwein
100 ml Wasser
1 Thymianzweig
1 Zweig Bohnenkraut
2 Lorbeerblätter
4 Pimentkörner
4 schwarze Pfefferkörner
2 Wacholderbeeren, leicht zerdrückt
1 Gewürznelke

In einem Bräter das Öl erhitzen und die Knochen und Fleischabschnitte darin im Ofen bei 180 Grad goldbraun rösten. Die Zwiebeln und das Gemüse beigeben und 10 Minuten mitrösten. Das Fett abgiessen, das Tomatenmark beigeben und 5 Minuten mitrösten. Nach und nach den Wein und das Wasser dazugiessen und dabei die Flüssigkeit immer wieder vollständig einkochen lassen. Die Knochen herausheben, in einen Topf geben und erkalten lassen. Mit kaltem Wasser bedecken, aufkochen, abschäumen und 2 Stunden leicht köcheln lassen. Dann die Kräuter und Gewürze beigeben und nochmals 1 Stunde leicht köcheln lassen. Durch ein Haarsieb oder Tuch passieren, zurück in den Topf geben und auf 1 Liter einkochen. Erkalten lassen und entfetten. Der Wildfond hält sich im Kühlschrank 7 Tage und lässt sich auch gut (portionenweise) einfrieren.

Fischfarce

200 g Zander- oder Hechtfilet, ohne Haut und Gräten
200 ml Rahm
Salz, weisser Pfeffer aus der Mühle, Cayennepfeffer
½ Limette, Saft
1 EL Noilly Prat (trockener Wermut)

Den Fisch und den Rahm getrennt im Tiefkühler leicht anfrieren bzw. gut durchkühlen lassen. Den angefrorenen Fisch im Cutter kurz durchhacken, die Hälfte des Rahms dazugeben und kurz mixen. Den restlichen Rahm zügig darunterarbeiten und die Farce kühl stellen. Durch ein feines Haarsieb streichen und mit Salz, Pfeffer, Cayennepfeffer, Noilly Prat und Limettensaft abschmecken.

Geflügelfarce

100 g Poulardenbrust, fein gewürfelt
Salz, weisser Pfeffer aus der Mühle
20 g Gänseleberterrine
100 ml Rahm
1 EL weisse Portweinreduktion (siehe Seite 184)

Das Geflügelfleisch würzen und zusammen mit der Gänseleber im Tiefkühler leicht anfrieren, ebenso den Rahm im Tiefkühler gut durchkühlen. Das angefrorene Geflügelfleisch mit dem Rahm im Cutter zu einer glatten, sämigen Farce verarbeiten. Die Masse ½ Stunde kühl stellen, dann durch ein feines Sieb streichen. Mit der Portweinreduktion abschmecken.

Tipp:
Wenn die Farce zu fest ist, vorsichtig 1 EL Schlagrahm einarbeiten.

Fleischfarce

100 g Kalbfleisch, gewürfelt, kurz angefroren
100 ml Rahm
Salz, weisser Pfeffer aus der Mühle
1 Schuss Cognac

Das angefrorene Fleisch in den Cutter geben, mit Salz und Pfeffer würzen, mit der Hälfte des Rahms auffüllen und kurz durchhacken, dann den restlichen Rahm zügig einarbeiten. Die Farce mit dem Cognac abschmecken und durch ein Sieb streichen. Bis zur weiteren Verarbeitung gekühlt aufbewahren.

Zitronengrassauce

20 g Butter
5 Stengel Zitronengras, schräg in Ringe geschnitten und leicht gequetscht (zur Aromaentfaltung)
4 Kaffirlimettenblätter
1 Messerspitze Madrascurry
2 EL Noilly Prat (trockener Wermut)
2 EL Champagner
150 ml Geflügelfond
100 ml Rahm
Zitronensaft, Salz, Pfeffer aus der Mühle
10 g eiskalte Butterwürfel

Die Butter erwärmen, das Zitronengras und die Kaffirlimettenblätter darin etwa 5 Minuten langsam andünsten. Mit dem Curry bestäuben, kurz durchrühren, dann mit Noilly Prat und Champagner ablöschen und die Flüssigkeit vollständig einkochen lassen. Mit dem Geflügelfond und dem Rahm auffüllen. Alles um einen Drittel einkochen, dann mixen und durch ein Sieb giessen. Mit Zitronensaft, Salz und Pfeffer abschmecken. Bei Bedarf eiskalte Butterwürfel daruntermixen.

Rotwein-, Portwein-, Madeirareduktion

1 l Rotwein, Portwein oder Madeira in einem Topf kurz aufkochen und dann bei kleiner Hitze langsam auf 100 ml einkochen.

Rotweinjus

Die entsprechende Menge dunklen Kalbsfond (siehe Seite 179) mit Rotweinreduktion (siehe oben) parfümieren.

Konfierte (getrocknete) Tomaten

10 Fleischtomaten
½ l Olivenöl
Zucker, Salz, Pfeffer aus der Mühle
4 Zweige Thymian, abgezupfte Blätter
1 Zweig Rosmarin, abgezupfte Nadeln
4 Knoblauchzehen, in feine Scheiben geschnitten

Den Strunk der Tomaten herausschneiden und die Haut am unteren Ende kreuzweise einritzen. Die Tomaten 1 Minute in kochendem Wasser blanchieren, bis sich die Haut löst, dann in Eiswasser abschrecken. Die Haut abziehen, die Tomaten vierteln und entkernen. Auf Küchenpapier legen und trockentupfen.

Das Olivenöl auf einem Backblech gleichmässig verteilen, mit Zucker, Salz und Pfeffer bestreuen und die übrigen Würzzutaten gleichmässig darauf verteilen. Die Tomaten darauflegen, leicht würzen und im 75 Grad heissen Ofen 3 Stunden trocknen lassen.

Die konfierten Tomaten in ein Glas mit Schraubverschluss geben, mit dem Olivenöl bedecken und kühl stellen.

Tipp:
Die Tomaten halten sich im Kühlschrank mindestens 1 Monat; daher lohnt sich die Zubereitung in grösserer Menge.

Kürbischutney

100 g Schalotten, fein gewürfelt
1 EL Ingwer, geschält und fein gewürfelt
40 g Butter
100 ml weisser Portwein
100 ml Sherryessig
50 g Honig
1 Lorbeerblatt
1 l Wasser
1 kg Muskatkürbis, geschält und fein gewürfelt

Die Schalotten und den Ingwer in der heissen Butter glasig dünsten, mit Portwein und Sherryessig ablöschen und die Flüssigkeit einkochen lassen. Den Honig und das Lorbeerblatt beifügen, mit dem Wasser auffüllen, den Kürbis dazugeben und einmal aufkochen lassen.
In Einmachgläser füllen, verschliessen und im Steamer bei 100 Grad oder im Backofen mit Dampffunktion oder im heissen Wasserbad 10 Minuten sterilisieren.
Herausnehmen und abkühlen lassen.
Im Kühlschrank 3 bis 5 Monate haltbar.

Artischocken kochen

4 Artischocken
1 Zitrone, Saft
4 Schalotten, gewürfelt
1 Stange Sellerie, in feine Scheibchen geschnitten
8 Cherrytomaten, halbiert
4 Knoblauchzehen, leicht gequetscht
100 ml Olivenöl
3 Zweige Thymian
3 Zweige Rosmarin
einige Zweige Basilikum
3 Lorbeerblätter
2 TL weisser Balsamicoessig
200 ml trockener Weisswein
100 ml Noilly Prat (trockener Wermut)
1 l Gemüsefond

Das obere Drittel der Artischocke abschneiden und den Stiel abbrechen. Die Artischocken zurechtschneiden und, damit sie sich nicht verfärben, sofort in mit Zitronensaft vermischtes Wasser legen.

Schalotten, Stangensellerie, Cherrytomaten und Knoblauchzehen im heissen Olivenöl glasig dünsten. Die Kräuter beigeben und kurz durchschwenken. Mit Balsamicoessig, Weisswein und Noilly Prat ablöschen und die Flüssigkeit vollständig einkochen lassen. Mit dem Gemüsefond auffüllen und aufkochen, die Artischocken beigeben und knackig kochen.

Die Artischocken aus dem Sud nehmen, etwas abkühlen lassen, dann mit einem Löffel das Heu vom Boden kratzen und die Artischocken wieder in den erkalteten Fond legen.

Kartoffel- und Gemüsechips

Gemüse nach Belieben, z.B. Süsskartoffeln, blaue Kartoffeln, Randen (Rote Bete), Auberginen, Fenchel, Zucchetti
Öl zum Frittieren

Die Kartoffeln schälen und hauchdünn blättrig schneiden, wässern und vor dem Frittieren gut trockentupfen. Gemüse nach Bedarf ebenfalls schälen und hauchdünn blättrig schneiden. Im 140 Grad heissen Öl ausbacken. Auf Küchenpapier entfetten und leicht salzen.

Ravioliteig

200 g Mehl
2 Eier
1 EL Olivenöl
1 TL kaltes Wasser

Alle Zutaten mischen und zu einem glatten Teig verarbeiten. Mit Frischhaltefolie abgedeckt 4 Stunden ruhen lassen.

Für einen gestreiften Ravioliteig wie auf dem Bild Seite 33 wird ½ l Randensaft auf 100 ml eingekocht. Die Hälfte des Teigs zu zwei langen Teigbahnen ausrollen. Die andere Hälfte nochmals in zwei Portionen teilen, die eine Hälfte mit der Randenreduktion einfärben, beide Teigportionen auf die gewünschte Dicke ausrollen und mit der Nudelmaschine in Streifen schneiden.
Eine der vorbereiteten Nudelteigbahnen mit Wasser bestreichen, die weissen und die roten Teigstreifen exakt aneinander angrenzend darauf auslegen, mit der zweiten Nudelteigbahn bedecken und das Ganze nochmals durch die Maschine drehen.

Tipp:
Für grüne Streifen kann man 2 EL Basilikumpesto verwenden.

Fruchtpürees

Heidelbeerpüree (für 150 g Püree):
50 g Kristallzucker
40 ml Rotwein
40 ml Portwein
250 g Heidelbeeren, gewaschen

Mangopüree (für 500 g Püree):
100 g Kristallzucker
80 ml Orangensaft
80 ml weisser Portwein
500 g reife Mango (Abschnitte)

Den Zucker in einem Topf bei mittlerer Hitze goldgelb karamellisieren, mit der Flüssigkeit ablöschen und den Karamell vollständig auflösen. Die Beeren oder Früchte dazugeben und bei kleiner Hitze etwa 5 Minuten köcheln lassen. Mit dem Stabmixer pürieren und durch ein feines Sieb streichen und kühl stellen.

Tipp: Auf dieselbe Art und mit jeweils passendem Saft bzw. Alkohol lassen sich auch andere Fruchtpürees herstellen.

Zuckersirup
(Läuterzucker)

1 Teil Kristallzucker mit 1 Teil Wasser aufkochen, erkalten lassen und in Vorratsflaschen abfüllen. Der Zuckersirup hält sich im Kühlschrank 2–3 Monate.

Schwarze Nüsse

60 unreife, grüne Walnüsse
60 Gewürznelken
250 g Zucker / 1,5 kg Zucker
2 Zimtstangen
1 Zitrone, abgeriebene Schale

Mit einem kleinen Spiess jede der Nüsse viermal einstechen und für 14 Tage in kaltem Wasser einlegen; dabei das Wasser täglich zweimal wechseln. Dann die Nüsse kurz in kochendem Wasser blanchieren und etwas auskühlen lassen. In jede Nuss eine Gewürznelke stecken, und die Nüsse in ein Gefäss geben.

Den Zucker mit Zimt und Zitronenschale aufkochen und heiss über die Nüsse giessen. 12 Stunden auskühlen lassen.

An den beiden folgenden Tagen den Zuckerfond jeweils abgiessen, erneut aufkochen, abschäumen, erkalten lassen und wieder über die Nüsse giessen.

Am nächsten Tag den Zuckerfond wieder abgiessen und um einen Drittel einkochen. Die Nüsse beigeben und nochmals kurz durchkochen. Dann die Nüsse in Einmachgläser geben, den Saft sirupartig einkochen und über die Nüsse verteilen. Die Gläser verschliessen und kühl stellen. Die Nüsse halten sich im verschlossenen Glas mindestens 6 Monate.

Rezeptverzeichnis

Vorspeisen

Suppen

Zwischengänge

Hauptgerichte

Desserts und Käse

Grundrezepte